Abt Odilo Lechner OSB

MAN WIRD HALT NICHT JÜNGER

PATTLOCH

Bitte besuchen Sie uns im Internet:
www.pattloch.de

Umschlagfoto: PantherMedia/Stephan K.
Umschlaggestaltung: Atelier Lehmacher, Friedberg, Bayern
Fotos: Robert Altstidl: S. 3, 8, 17, 18, 36, 38, 44, 51, 56, 63;
Corbis: S. 10 Naturfoto Honal / S. 12 Oswald Eckstein /
S. 13 Oswald Eckstein / S. 14 Massimo Ripani/Grand Tour /
S. 20 Radius Images / S. 24 Frank Krahmer / S. 26 Frank Krahmer /
S. 29 Frank Lukasseck / S. 31 Kerrick James / S. 34 Ulrich
Matuschowitz/Westend61 / S. 49 Hans Huber/ Westend61 /
S. 52 Radius Images / S. 54 Jon Boyes/Spaces Images /
S. 58 Fotofeeling/Westend61 / S. 61 Clay Perry
Layout, Satz und Herstellung: Sandra Hacke
Reproduktion: Repro Ludwig, A-Zell am See
Druck und Bindung: Offizin Andersen Nexö, Zwenkau
Printed in Germany
ISBN 978-3-629-02269-1

2 4 5 3 1

Durch die barmherzige Liebe unseres Gottes
wird uns besuchen das aufstrahlende Licht aus der Höhe,
um allen zu leuchten, die in Finsternis sitzen
und im Schatten des Todes,
und unsere Schritte zu lenken
auf dem Weg des Friedens.
Lk 1,78f.

In dankbarer Erinnerung an alte Menschen,
die den Weg des Friedens suchten
und ihn mir vorlebten

Inhalt

Max

Hellwach erwarte das Alter

Bei einem Klinikbesuch unterhielt ich mich einmal als junger Kaplan mit einem etwa sechzehnjährigen Mädchen. Beim Gespräch über die Zeit nach dem Krankenhausaufenthalt sagte die junge Patientin: »Vor einem habe ich furchtbare Angst, dem Altwerden.« Aus dem Gespräch war zu schließen, dass sie damit wohl schon das Alter von etwa zwanzig Jahren meinte, den Verlust jugendlicher Unbeschwertheit, die Notwendigkeit, sich sein Brot selber zu verdienen, sich gesellschaftlichen Zwängen anpassen zu müssen.

Vor dem Älterwerden haben viele Menschen Angst und denken nicht gerne daran. Aber was ist Alter? Unsere Gesellschaft als Ganzes wird ja älter: Der Anteil der über Sechzigjährigen betrug 1950 15 %, 2002 24 % und wird 2050 37 % ausmachen. So spricht man heute von mehreren Altersabschnitten, etwa der Zeit nach der Pensionierung, in der manche noch sehr fit sind und vieles unternehmen, dann der Zeit, da viele immer mehr in ihrer Mobilität und Aufnahmefähigkeit eingeschränkt sind. Schließlich kommt die Zeit eines eventuellen langen Krankenlagers. Natürlich ist das bei den Einzelnen sehr verschieden. Verschieden sind auch die Erwartungen an das Alter: zum einen mehr Ruhe und Freiheit, zum anderen immer mehr Verlust an Lebensqualität.

In dem Gedicht »Befreiend« von Wilhelm Gössmann heißt es: »Hellwach erwarte das Alter / diese heilsame Zeit / die hart genug ist / dich neu auszumessen«. Beim bewussten Erwarten eines neuen Lebensabschnittes, einer veränderten Situation, einer auf uns zukommenden Einschränkung gilt es zu erkennen, dass die vielleicht befürchtete Härte zugleich eine

Herausforderung ist, eine Anfrage und Aufgabe, mich neu ausmessen zu lassen, eine Prüfung, was an Tapferkeit und Kraft, was an Geduld und Durchhaltevermögen in mir ist.

So gilt es den neuen Lebensabschnitt bewusst anzunehmen, seine Phasen und seine Belastungen in den Blick zu nehmen. So bietet das Ausscheiden aus dem Berufsleben die Chance, sich vielleicht bisher vernachlässigten Möglichkeiten und Wünschen des

Hellwach erwarte das Alter
diese heilsame Zeit
die hart genug ist
dich neu auszumessen

Wilhelm Gössmann

eigenen Lebens zuzuwenden. Manch einer entdeckt neu die Schönheiten der Natur und der Kunstwerke in seiner Umgebung. Manch einer kann ein bisher nur wenig ausgeübtes Hobby ausbauen, sich der Hausmusik, dem Zeichnen oder dem Lesen von Büchern widmen, wozu man bisher nicht gekommen ist. Manch einer erlernt oder vertieft eine Fremdsprache, was

auch das Gedächtnis trainiert. Die Volkshochschule oder auch die Universität im Seniorenstudium eröffnen neue Wissensgebiete. Es ist schön, zu erfahren, welche Fähigkeiten sich im Alter noch entfalten können.

Nach dem Berufsleben und nach der Selbständigkeit der Kinder stellt sich für ein Ehepaar die Aufgabe, sich einander neu zuzuwenden, neue Gemeinsamkeiten zu entdecken, aber auch verstärkt Geduld miteinander zu haben. Nüchtern gilt es freilich auch wahrzunehmen, dass vieles nicht mehr so geht wie früher: Wir werden langsamer, wir ermüden rascher, wir werden vergesslicher und darum manchmal auch gereizter. Notwendig wird eine Umstellung in unserer Zeitplanung und das Bemühen, sich um unsere Gesundheit zu sorgen, Leib und Seele zu üben, dass sie beweglich bleiben. Es gilt vorzusorgen, etwa für eine neue, altersgerechte, mit öffentlichen Verkehrsmitteln erreichbare Wohnung. Wo es notwendig ist, müsste man den Einzug in ein Altersheim erwägen, erkunden, welches Altersheim einem zusagt, und sich rechtzeitig anmelden.

Ein Bewohner eines Altersheims der Rummelsberger Anstalten berichtet: »Meinen alten Sessel habe ich von zu Hause mitgebracht und ein paar andere Dinge, aber es ist erstaunlich, wie wenig man eigentlich im Alter braucht.« Auch das ist immer wieder eine Herausforderung: sich zu fragen, was brauche ich wirklich? Was kann ich loslassen? Vielleicht muss einer Abschied nehmen von einem sehr aktiven Leben, in dem er zeigen konnte, wie viel an Kraft, Tüchtigkeit und Einsatzfreude in ihm steckte. Nun sind auch die sogenannten passiven Tugenden gefragt – was einer an geduldigem Ertragen, an gelassenem Erwarten, was einer an Mitempfinden und Mitleiden aufbringen kann.

Vorwärts und rückwärts

Eine merkwürdige Erfahrung habe ich neulich bei einer Zugfahrt von Karlsruhe nach München gemacht: Mein Zug fuhr vorwärts in den Stuttgarter Hauptbahnhof ein und rückwärts wieder hinaus. Der Stuttgarter Sackbahnhof bedingte, dass ich auf meinem reservierten Fensterplatz zunächst in Fahrtrichtung blickte und dann zurückschauen musste. Da ist mir bewusst geworden, welch ein Unterschied es doch ist, ob wir vorwärts oder rückwärts blicken. Ich sehe Wälder und Anhöhen, Dörfer und Bahnstationen auf mich zukommen. Ich bin gespannt, was für ein Blick sich vor mir auftut. Ganz anders, wenn ich zurückschaue. Ich blicke auf eine Gegend, die mein Zug schon durchfahren hat. Sie wird immer kleiner, immer mehr Vergangenheit. Helles und Dunkles ist durchschritten, ich kann in Ruhe davon Abschied nehmen.

Beides gehört zum Leben: vorausschauen auf das, was kommt, zurückschauen auf das, was vergangen ist. Die Fahrt des Lebens lässt sich nur erfassen, wenn ich das Jetzt des Augenblicks aus der Vergangenheit hervorkommen und im Zukünftigen untergehen sehe.

Ich muss gewiss das Jetzt ergreifen. Aber ich kann mein Jetzt nur verstehen, wenn ich um meine Vergangenheit weiß und es auf das Kommende hin deute. Im Alter werde ich mehr zurückblicken, in der Jugend mehr vorausschauen. Aber wer nicht zurückblickt, versteht nicht, wer er ist, wer den Blick in die Zukunft verweigert, gibt sich selber auf.

Zurückblicken, sich erinnern kann für den älteren Menschen Freude bedeuten, zugleich aber auch eine wichtige Aufgabe sein. Mein Leben kann mit all seinen Höhen und Tiefen doch in einem Zusammenhang gesehen werden. Es gilt trotz aller Brüche und Gegensätze doch so etwas wie einen roten Faden zu entdecken, der sich durch das ganze Leben zieht. Als der türkische Schriftsteller und Literaturnobelpreisträger Orhan Pamuk 2005 in Frankfurt den Friedenspreis des Deutschen Buchhandels erhielt, ging er in seiner Dankesrede auch auf das Besondere des Romanschreibens ein.

Es sei Ziel seines Romanschreibens und Lebens, in aller Wirrsal der Welt doch den verblüffenden Windungen des Lebens einen Anfang, eine Mitte und ein Ende abzugewinnen. So dürfen wir nachdenkend und erzählend immer wieder versuchen, den Roman unseres Lebens zu schreiben, der Anfänge zu gedenken, Höhepunkte des Wirkens, Gipfelerlebnisse zu bewahren und Mutmaßungen anzustellen über den weiteren Weg.

Oft wird uns erst im Rückblick bewusst, wie viel Schönes wir erleben durften, wie auch Irrwege wieder einen Sinn ergeben, wie wir allen Grund haben, dankbar zu sein. Erst der dankbare Blick wird fähig, immer wieder Neues, Gutes zu entdecken, Fortschritte im Gu-

ten, frohe Begegnungen, so vieles, was uns geschenkt ist. Aber wer zurückschaut, wird auch immer wieder erkennen, dass ihn manches belastet, dass er nur mit Scham an manches fehlerhafte Verhalten denken kann. Er erschrickt, zu welch bösen Gedanken oder Taten er fähig war, was er an Gutem versäumt hat. Als glaubender Mensch braucht er freilich nicht an dieser Vergangenheit hängenzubleiben, selbstquälerisch oder verzweifelt. Er darf alles dem gütigen Blick Gottes anheimgeben, der verzeiht und weiterführt, auch über die Fehler und Irrwege hinweg. Da wird auch das Wunder

der Reue deutlich. Wir können uns unseren Fehlentscheidungen stellen und unserer Sehnsucht Raum geben, wir hätten uns anders entschieden, und dürfen der Liebe Gottes vertrauen, die auch das Falsche noch zum Guten wenden kann.

Auch die dunklen Seiten des Lebens dürfen wir nicht verdrängen; unsere Wut, unseren Ärger über uns und andere brauchen wir nicht zu vergessen. Menschen stehen vor unserem Blick, die uns Böses angetan haben. Wir dürfen manchmal sehen und sollen immer hoffen, dass auch aus dem Bösen Gutes entstehen kann, dass eine Wende zu einem guten Ende möglich ist. Schlimm ist es, wenn wir nur mit Enttäuschung und Wut an andere Menschen denken können, die uns verletzt, die uns Böses angetan haben. Schlimm ist es, wenn es uns nahestehende Menschen sind, etwa aus der eigenen Familie, mit denen der Kontakt ganz abgebrochen ist, die wir aus unserem Gedächtnis streichen und doch nicht vergessen können.

Eine wichtige Aufgabe des Alters ist die Versöhnungsarbeit. Versöhnung mit der eigenen Geschichte, Versöhnung mit anderen Menschen. Manchmal habe ich erfahren, wie ein Mensch so lange nicht in Ruhe sterben konnte, bis er sich mit anderen, etwa aus der eigenen Familie, versöhnt hatte.

Das Ende bedenken

Den Roman unseres Lebens dürfen wir immer wieder neu schreiben – freilich: das Ende ist noch offen. Und doch gehört es für den Menschen und für den Christen zu seinem Lebensentwurf, das Ende mit einzubeziehen. Carl Orff, der große bayerische Komponist, hat als letztes großes Werk »Das Spiel vom Ende der Zeiten« geschrieben. Es ist der Blick auf die Schrecken des Weltendes. Aber am Ende kann die Welt zu Gott sagen: »Ich komme zu dir, du bist der Tröster und das letzte Ziel.« *Summus finis* – letztes Ende, höchstes Ziel steht auf der Grabplatte Orffs in der Schmerzhaften Kapelle der Andechser Klosterkirche. Dort wollte er begraben sein, um zu bezeugen, wo er daheim ist. Können wir noch so auf das Ende unserer Geschichte blicken? Oder haben wir den Tod aus unserem Leben verdrängt? Lassen wir unser Leben in einzelnen Events aufgehen?

Bewegt hat mich auch, wie Hildegard Knef in ihrem Buch »Das Urteil« schildert, dass sie nach der 56. Operation einige Zeit »als wilde Protestantin« in einem katholischen Pfarrhaus verbringt, um dort zur Ruhe zu kommen. Sie fragt den Pfarrer, was er sage, wenn ein kleines Kind stirbt. Dessen Antwort ist, dass er darum die Kirche liebe, »weil sie im Gelächter einer arroganten Welt sagt, dass der Mensch ein Ziel hat«. Angelo Roncalli schrieb an seine Schwester, als nach dem Tod von Pius XII. Gerüchte auftauchten, er könnte der nächste Papst werden: »Ich hingegen den-

Wenn ihr wüsstet,
welche Finsternis mich umlagert …
Alles ist mir entschwunden,
mir bleibt nichts als die Liebe.

Theresia von Lisieux

ke ans Sterben … bin alle Tage bereit und vorbereitet zu sterben … ein Weiterleben in täglicher Bereitschaft und Vorbereitung auf einen guten Tod hat zum Ergebnis, dass ich mir im Herzen einen noch lebendigeren und sanfteren Frieden erhalte und vermehre, wie nie zuvor, der fast schon ein Vorgeschmack des Himmels ist, wo unsere Lieben uns erwarten.«

Der heilige Benedikt nennt als Werkzeuge der geistlichen Kunst: »das ewige Leben mit allem geistlichen Verlangen ersehnen und den unberechenbaren Tod täglich vor Augen haben«. Der Blick auf das Ende muss uns nicht mit Angst und Schrecken erfüllen, sondern mit Zuversicht. Von diesem Ende her, von der Stunde des Todes her, bekommt die ganze Geschichte des Lebens ihren Sinn und erfährt, wie der einzelne Tag, seine Wertung. Was mich heute ungemein bedrückt und geärgert hat oder auch was mich in diesem Augenblick mit Stolz oder ausgelassener Freude erfüllt, erscheint von der Sterbestunde her ganz unwichtig. Aber manches, was ich an Schönem erfahren habe oder was ich selber Gutes wirken durfte, bleibt auch von dieser Stunde her kostbar und wertvoll.

Gewiss nennt Benedikt unter diesen Werkzeugen auch: den Tag des Gerichtes fürchten, vor der Hölle erschrecken. Denn mein Leben darf ja Antwort sein auf Anrufe und Herausforderungen. Es ist die Verantwortung, die meiner freien Entscheidung zugrunde liegen soll, die Verantwortung für die Gestaltung der Zukunft meines Lebens und der Welt. Die Antwort auf das, was sich entwickeln, in Liebe entfalten soll, zu verweigern würde ja bedeuten, dass ich der Liebe, die uns Leben und Zukunft schenken will, ein Nein entgegensetze. Das wäre die Hölle – die Qual tiefster Zerrissenheit: Leben können wir nur durch den Lebensodem Gottes und sich diesem gänzlich verschließen.

Gregor der Große schreibt im 2. Buch der Dialoge über Benedikt, er habe von früher Jugend an das Herz

eines Alten gehabt. Damit ist kein müdes Altersherz gemeint, sondern ein junges und jung bleibendes Herz, das auf das wahre Leben ausgerichtet ist. Diese Ausrichtung kann dann gerade den älteren Menschen Gelassenheit und frohe Zukunftserwartung schenken. Im Juli 2009 verstarb Clemens Lashofer, Abt von Göttweig und langjähriger Präses der österreichischen Benediktiner, nach einem aufopferungsvollen Leben. Er konnte in letzten Gesprächen sagen: »Ich weiß, wofür ich gelebt habe. Mein Leben war Dienst an der Kirche und an der Gemeinschaft.« Sein letztes Wort war: »Es wird alles gut.«

Selbstverständlich bleiben auch vielen Gläubigen und frommen Menschen oft furchtbare Schmerzen und Erschütterungen in einem langen Sterbeprozess nicht erspart. Gerade auch die Heiligen haben am Ende ihres Lebens tiefe Leere und Gottesferne durchlitten. Theresia von Lisieux sagte vor ihrem Sterben (1897): »Wenn ihr wüsstet, welche Finsternis mich umlagert … Alles ist mir entschwunden, mir bleibt nichts als die Liebe.«

Ich selber wache manchmal in der Nacht auf und erkenne, wie ein Traum mich in Ängste verstrickt hat. Dann überlasse ich mich wieder dem Schlaf und der Traumgeschichte, die weiterläuft mit all ihren Schrecken. Und doch bleibt dabei – wie von ferne – die Gewissheit: Ich werde wieder aufwachen, und weichen werden Schrecken und Angst. Detlev Block spricht in einem Gedicht davon, dass er nicht große Verheißungen erbittet, sondern nur einen Engel, »der ihm zuflüstert: Fürchte dich nicht«.

Reduktion

Im Alter erfahren wir manche Behinderung – und merken erst jetzt, was Behinderung bedeutet, die manch einer sein Leben lang zu tragen hat. Vor ein paar Jahren durfte ich auf einer Tagung vor Lehrern und Betreuern Behinderter sprechen. Die Tagung stand unter dem Thema: »Reduziertes Leben«. Es ist ja erschreckend, auf welch vielfältige Weise Behinderungen das Leben eines Menschen reduzieren können – an Entfaltungsmöglichkeiten, Kontakten, Beweglichkeit.

Mir wurde bewusst, dass vieles, was für mich Menschsein ausmacht, den Behinderten verwehrt ist: Den Menschen zeichnet aus, dass er aufrecht steht und sich so über den Erdboden erhebt. Da liegt ein Verkrüppelter vor mir, der sich gar nicht aufrichten kann. Der Mensch ist Mensch durch die Sprache, dass er Wirklichkeit ins Wort fassen kann und sich mit anderen verständigt. Und da ist einer, der nur lallen kann. Der Mensch ist Mensch, weil er sich erinnert, weil er Geschichte hat und sich auf Zukunft ausstreckt. Und da ist einer, dem alle Vergangenheit ausgelöscht ist. Ja, es ist furchtbar, wie viel einem menschlichen Leben fehlen kann, wie es fast auf nichts reduziert ist. So ist Reduktion eine furchtbare Beraubung.

In der Kunst freilich bedeutet das Wort Reduktion auch etwas sehr Positives. Den großen Künstlern ist es gelungen, von der Fülle der Farben und Formen immer mehr wegzulassen, das Bild auf wenige Striche zu reduzieren, das, was sie bewegt, in ganz einfachen Zeichen auszudrücken. Das ist mir des Öfteren auch in der Begegnung mit Behinderten, etwa bei einer Firmung, widerfahren. Ich merkte: Da ist ein Mensch, der spürt, dass ich mich ihm zuwende, und ich erfuhr seine Antwort, seine Zuwendung. Elementar nehme ich wahr, was auch durch komplizierteste Gedankengänge und schöne Zeichen nicht vollkommener ausgedrückt werden kann. Solche Reduktion ist dem alternden Menschen allzu oft auferlegt. Er kann sich über den Verlust grämen, er kann aber auch den Segen einer neuen Einfachheit erspüren. Da kann ein Blick, ein einziges Wort, ein Händedruck mehr bedeuten als eine stundenlange Konversation.

Im Frühsommer 2009 hat das Diözesanmuseum Freising eine Ausstellung zeitgenössischer Künstler unter das Thema »Paradies« gestellt. Auf ganz verschiedenartige Weise haben sich junge Künstler dem Thema angenähert. Einige haben ihre Sehnsucht ausgedrückt nach einer Welt der Harmonie, des Friedens, des Schönen. Andere haben die Bedrohung und den

Verlust des Paradieses zum Ausdruck gebracht. Besonders fasziniert hat mich eine Videoinstallation von Kathrin Thalmann in der Vorhalle des Freisinger Doms, im Tympanon des romanischen Portals. »Das ist das Haus Gottes« ist da zu lesen, und grüne Pflan-

zen weisen hin auf die Asamschen Stuckranken im Inneren des Doms. Aber dann sind die Gesichter eines greisen Ehepaares zu sehen, das sich liebevoll anlächelt und sich über das Haar streicht. Man erlebt, wie die wohl schon demente Frau lebendig wird und aufstrahlt. Im Bild des alten Ehepaares spiegelt sich die Idee einer immerwährenden Liebe. Die Künstlerin hat die eigenen Großeltern festgehalten, wie sie gerade in der Bedrängnis des Alters zu einer ganz tiefen Zärtlichkeit gefunden haben.

Ich selber lag vor einigen Monaten nach einer Operation in einer Klinik der Münchner Innenstadt. Vom

Wer so klein sein kann
wie dieses Kind, der ist
im Himmelreich der Größte.

Mt 18,4

Bett aus blickte ich durch das Fenster auf die Dächer des Innenhofes und durch diesen zweifachen Rahmen von Fenster und Dächern auf einen kleinen Ausschnitt des Himmels. Und ich entdeckte neu, was für ein Wunder der bewegte Himmel ist: Wolken, die sich übereinanderschieben, zeitweise einen Durchblick auf ein Himmelblau ermöglichen, von Sekunde zu Sekunde ihre Formation verändern.

Mag sein, dass weiter im Osten noch das Licht der Sonne zu sehen ist und im Westen sich schon ein dunkles Gewitter zusammenbraut. Aber ich kann auf

diesen meinen Ausschnitt blicken und ihn so als eine Wunderwelt wahrnehmen. Draußen bin ich achtlos unter solchem Himmel dahingegangen, weil es so viel anderes zu sehen gab und der Blick immer wieder weiterschweifte. Das ist vielleicht das Geschenk des Altersblickes, lange auf einen kleinen Ausschnitt der Welt zu blicken und neue Schönheit im Kleinen wahrzunehmen.

Anthony de Mello berichtet vom Besuch eines Gouverneurs, der in einem indischen Kloster eine berühmte Rosenhecke besichtigen will. Er findet zu seinem Entsetzen nur eine einzige Rosenblüte vor, weil der Meister alle andern Blüten hatte abschneiden lassen. Dieser erklärte: »Du hättest von diesen Blüten nicht eine wirklich gesehen. Du hast dich an die große Menge gewöhnt. Wann hast du das letzte Mal eine einzelne Person gesehen?«

Das wäre die Kunst des Alters: in Ruhe auf etwas ganz Kleines zu blicken – trotz des Vielen, das uns um-

Wer sich selbst erhöht,
wird erniedrigt,
wer sich selbst erniedrigt,
wird erhöht werden.

Lk 18,14

schwirrt – und seine Schönheit zu entdecken. So wird der Blick auch für das Kleinerwerden geöffnet. Es ist der Hinweis Jesu auf das Geheimnis des Kindes: »Wer so klein sein kann wie dieses Kind, der ist im Himmelreich der Größte« (Mt 18,4). »Wer das Reich Gottes nicht so annimmt wie ein Kind, der wird nicht hineinkommen« (Mk 10,15). Es ist die Haltung Johannes' des Täufers, der nicht in Anspruch nimmt, selber der Retter zu sein, sondern nur einer, der auf den

Kommenden hinweist: »Jener muss wachsen, ich aber muss abnehmen« (Joh 3,30).

Kleiner und geringer werden ist die Haltung der Demut, die etwa für Benedikt die Grundhaltung des Mönches, des Christen sein soll: »Wer sich selbst erhöht, wird erniedrigt, wer sich selbst erniedrigt, wird erhöht werden« (Lk 18,14). Gerade im Alter können wir lernen, nicht mehr darauf bedacht zu sein, immer stärker, mächtiger, reicher zu werden, den ersten Platz zu erringen. Der Abstieg ist in Wahrheit Aufstieg zum Beschenktwerden mit dem Größeren, mit der Liebe Gottes. Mag auch das äußere Leben immer beschränkter, mühsamer und beschwerter werden, für den Glaubenden steht das wahrhaft Kostbare immer noch bevor – wie auf der Hochzeit zu Kana: »Du hast den guten Wein bis jetzt zurückgehalten« (Joh 2,10).

I need help

Elton John, dem berühmten britischen Popmusiker, der mehrere Jahre den Drogen verfallen war, wurde die Frage gestellt, wie er von seiner Sucht wieder losgekommen sei. Seine Antwort war: »Es waren die drei Worte: I need help. Aber ich brauchte sechzehn Jahre, bis ich sie sprechen konnte.« An dieser Geschichte wird deutlich, was es Wunderbares um das Helfen ist. Wir dürfen anderen helfen; wir dürfen uns helfen lassen. Für viele ältere Menschen ist es zunächst einmal eine beglückende Erfahrung, dass sie nun vielleicht mehr als früher anderen Menschen helfen können. Eine Frau schreibt mir: »Ich bin sehr dankbar dafür, dass ich auch noch im Alter viele schöne Stunden erleben darf. Bei Hilfsprojekten von guten Freundinnen kann ich dabei sein und viel Gutes bewegen. Das macht meine Tage glücklich.«

Ein pensionierter Beamter eines bayerischen Ministeriums, der viele Projekte zu verwalten hatte, hat sich in seiner Pfarrei anderer alter Menschen angenommen. Er macht Besorgungen, begleitet auf Spaziergängen, liest aus der Zeitung vor und hört ihren Erzählungen zu. Er sagte mir: »Ich habe den Eindruck, dass ich da mehr Gutes tue, als ich in den vielen Jahren der Bürotätigkeit geleistet habe.« Sosehr es dem älteren Menschen vergönnt sein muss, an sich selbst zu denken, an seine Gesundheit, an seine Erholung, an sein Interesse an allem Wissenswerten und Schö-

nen, so wenig ist er doch davon befreit, auch für andere da zu sein, Aufgaben und Verantwortung in der Welt zu übernehmen.

Viele ehrenamtliche Tätigkeiten im Vereinswesen, in der Brauchtumspflege, in der Sorge für die Natur, in Politik, Gesellschaft und Kirche sind nur durch ältere Menschen und ihren größeren Freiraum zu bewältigen. Was wäre z.B. die Krankenhausseelsorge ohne freiwillige Helferinnen und Helfer, die die Kranken besuchen, sich ihnen nützlich erweisen und eventuell den Kontakt mit dem Seelsorger herstellen. Nicht zuletzt gibt es die Aufgaben auch in der eigenen Familie und im Freundeskreis. Glücklich sind Eltern, die ihre Kinder zeitweise den Großeltern anvertrauen können. Für die Weitergabe des Glaubens an die Enkel sind Großeltern oder auch Tanten oft unentbehrlich, gerade wenn die Eltern der Kinder nicht mehr im kirchlichen Leben verwurzelt sind. Ohne sich aufdringlich in die häusliche Erziehung einzumischen, können sie doch durch ihr Beispiel, durch ihre Freude am Glauben und am kirchlichen Leben diesen Kindern neue Geborgenheit und neuen Halt vermitteln. Oft genügt es einfach, aus dem eigenen Leben zu erzählen und Vertrauen auf den göttlichen Beistand zu vermitteln.

Der heilige Benedikt gibt zweimal in seiner Regel die Weisung für das Verhältnis der Generationen im Kloster: »Die Jüngeren sollen die Älteren ehren; die Älteren sollen die Jüngeren lieben.« Vielleicht empfinden heute viele ältere Menschen, dass ihnen zu wenig Ehrfurcht entgegengebracht wird, dass sie zum »alten Eisen« gerechnet werden. Sie sind wohl oft auch nicht mehr auf dem Stand heutigen Wissens und heutiger Technik. Und doch brauchen die Jungen den unaufdringlichen und doch gern gegebenen Rat in

menschlichen Dingen und auch die Gelassenheit, die aus durchlittenen Schwierigkeiten und überstandenen Gefahren kommt. Vor allem aber brauchen sie Liebe, die ihnen die Zukunft gönnt und ermöglicht!

Botho Strauss zitiert in seinem Buch »Vom Aufenthalt« die Geschichte vom nützlichen Alter: Weil der Fürst anordnete, alle Männer über sechzig sollten im Gebirge ausgesetzt werden, trägt der Sohn auf seinem Rücken den Vater in die Wildnis. Der Alte bricht überall Zweige, die dem Sohn den Weg zurück weisen sollen. Als sie sich trennen müssen, sagt der Vater: »Ich habe dir den Weg zurück nach Hause markiert.« Da bricht der Sohn in Tränen aus, will den Vater nicht allein in der Wildnis zurücklassen und trägt ihn wieder nach Hause. Bei der Dorfversammlung kann einzig dieser Sohn die dort gestellten Rätselfragen beantworten. Er kennt die richtigen Antworten von seinem Vater. Als der Fürst davon erfährt, zieht er die Weisung zurück, die Alten auszusetzen, »denn sie sind voller Weisheit, auf die kein Gemeinwesen verzichten kann«. Botho Strauss meint freilich, das moderne Alter finde keinen höheren Wert als beibehaltene Jugendlichkeit. Trotzdem aber gelte es, diesen Schatz wieder zu heben, »den einst das Alter anhäufte«.

Nicht minder wichtig als die Bereitschaft zum Raten und Helfen ist für die Alten die Bereitschaft, sich helfen zu lassen. Mehr als früher sind sie ja auf die Hilfe anderer angewiesen. Für viele Menschen ist der Gedanke unerträglich, einmal ganz von der Hilfeleistung anderer abhängig zu sein. Gerade Menschen, deren Beruf es war, anderen beizustehen, Mütter etwa, die ganz für den Gatten und die Kinder gelebt haben, kann eine drohende schwere Krankheit wie der Krebs verzweifeln lassen: Sie werden den anderen nicht mehr helfen können, sondern ihnen zur Last fallen. Und doch habe ich bei manchen Krebskranken erlebt, wie sie nach anfänglichem Kämpfen und Sträuben doch auf einmal den Wert auch ihrer Hilflosigkeit erkannten, wie sie lernten, die Hilfe anderer Menschen gerne anzunehmen, und wie manche Familien viel tiefer als vorher ihre gegenseitige Vertrautheit und Liebe erkannten. Freilich, auch in größter Hilflosigkeit kann der kranke Mensch noch ein Gebender sein: Er betet für die anderen, er gibt durch seine Geduld Zeugnis von seinem Glauben, er nimmt sein Leiden für andere Leidende auf sich, er strahlt Wohlwollen aus für die Menschen, die ihn umgeben.

Umgang mit Verstorbenen und dem Tod

Je älter wir werden, desto mehr unserer Weggenossen haben das irdische Dasein verlassen, und doch gehören sie weiter mit zu unserer Geschichte. Darum erzählen wir Episoden aus ihrem Leben. Wie reden wir über sie? Johann Michael Sailer (1751–1832), der bayerische »Kirchenvater«, der den Grund für die Erneuerung der Kirche im 19. Jahrhundert gelegt hat, erinnert sich: In seiner Heimat machte man, wenn das Gespräch auf Verstorbene kam, einen kleinen Einschub: »Er ist in der Wahrheit, wir in der Lüge.« Dann erst führten sie die Geschichte weiter.

Das macht mir sehr deutlich, wie wir über Verstorbene reden können und sollen. Unsere Erinnerungen, unsere Eindrücke und Empfindungen sind immer der Täuschung und der Einseitigkeit unterworfen. Der Verstorbene aber, über den wir reden, steht im Licht dessen, der alles sieht und dem kein Abgrund auch des menschlichen Herzens verborgen ist. So werden wir über Verstorbene nur in vorsichtiger Ehrfurcht reden. Zugleich wird uns bewusst, dass sie über die irdische

Zeit hinausgeschritten sind in eine vollkommenere Sicht der Dinge, in eine unsere irdische Beschränktheit übersteigende Weite.

Johann Michael Sailer erzählt auch, man habe in einem Haus, in dem jemand verstorben ist, das Gespräch mit eintreffenden Verwandten so begonnen: »Der liebe Gott ist bei uns eingekehrt.« Da wird das Tröstliche des Glaubens sichtbar. Sosehr uns ein Todesfall erschüttern, mit Schmerz erfüllen mag, wir dürfen doch annehmen, dass Gott da in besonderer Weise ein Leben ergriffen hat und dass auch wir davon berührt sein dürfen.

Bei Trauerfeiern, beim Abschied von unseren Verstorbenen, ist es mir ein großes Anliegen, nicht nur dankbar ihres Lebens und ihrer Werke, also der Vergangenheit, zu gedenken, sondern auch das Jetzt ihres neuen Daseins, ihres Hineinschreitens in die Vollendung und damit unsere gemeinsame Zukunft in den Blick zu nehmen. Wie wir mit dem Sterben eines uns lieben Menschen umgehen, ist eine der wichtigsten Erprobungen und Erfahrungen unseres christlichen Glaubens.

Für unseren Umgang mit dem Tod ist mir die Mitte des Johannesevangeliums das beste Lehrstück. Vor diesem 11. Kapitel berichtet der Evangelist von Leben, Lehre und Wirken Jesu. Danach setzt er mit seiner letzten Lebenswoche ein und führt zum Abschiedsmahl, zu Tod und Auferstehung. Wie geht nun

Jesus mit dem Tod seines Freundes Lazarus um? Da wird die menschliche Nähe Jesu zu den Seinen deutlich. Die Schwestern können zu ihm schicken: »Dein Freund ist krank« (Joh 11,4). Jesus liebte die Schwestern und den Lazarus. Als Jesus Maria und die anwesenden Juden weinen sah, weinte er selbst und »war im Innersten erregt und erschüttert« (Joh 11,33).

Wie Jesus sollen wir mit dem Schmerz anderer zutiefst mitfühlen, innerlich davon betroffen sein, er-

Ich gehe hin,
um ihn aufzuwecken.

Joh 11,11

schüttert und voll Grimm über das Furchtbare von Leid und Tod. Aber zugleich ist Jesus verbunden mit dem Vater, erfüllt von seinem Auftrag. So kann er sein Kommen zu dem Sterbenskranken verzögern, weil er um den geheimen Sinn der Krankheit des Lazarus weiß: die Herrlichkeit Gottes. »Ich gehe hin, um ihn aufzuwecken« (Joh 11,11). Weil es diesen geheimen Zusammenhang gibt, kann Thomas sagen: »Lasst uns mit ihm gehen, um mit ihm zu sterben« (Joh 11,16).

In den Gesprächen Jesu mit Martha und Maria wird

unsere menschliche Enttäuschung über manchen Schicksalsschlag deutlich. »Herr, wärest du hier gewesen, dann wäre mein Bruder nicht gestorben« (Joh 11,21 u. 32). Das ist so leicht unsere erste Reaktion: Hätte der Schicksalsschlag nicht verhindert werden

können? Könnte der Verstorbene nicht noch leben – wenn er gesünder gelebt hätte, wenn der Arzt rechtzeitig gekommen wäre, wenn eine bestimmte Arznei zur Verfügung gestanden hätte, wenn ich mich besser um ihn gekümmert hätte? An solchen Fragen bleiben wir oft hängen – wie unser Leben, wie die Geschichte ganz anders hätte ablaufen können.

Aber wir können die Geschichte nicht zurückdrehen. Wir müssen uns dem stellen, wie sie jetzt geworden ist. Die Antwort Jesu weist in die Zukunft: »Dein Bruder wird auferstehen« (Joh 11,23). Die Antwort Marthas »Ich weiß, bei der Auferstehung am letzten Tag« (Joh 11,24) drückt wohl aus, dass das noch in weiter Ferne ist. Jesus aber weist in die Gegenwart: »Ich bin die Auferstehung und das Leben ... Wer an mich glaubt, wird leben, auch wenn er stirbt« (Joh 11,25). Und diesen Glauben an die in ihm wirksame Gegenwart des Lebens schlechthin erfragt Jesus von Martha.

Sichtbares Zeichen und bildhafte Vorwegnahme der eigenen Auferstehung ist es nun, wenn Jesus mit den Schwestern zur Grabhöhle geht und sie auffordert, den Stein wegzunehmen. Immer wieder scheint ja ein Stein, die Schwere des scheinbar Unabänderlichen, uns den Weg zum Glauben zu versperren. Da aber kann Jesus mit lauter Stimme rufen: »Lazarus, komm heraus« (Joh 11,43). Diesem gewaltigen Herausrufen aus der Todverfallenheit dürfen wir uns im Glauben öffnen.

Wenn Jesus dann freilich auf den konkreten Lazarus blickt und befiehlt: »Löst ihm die Binden« (Joh 11,44), wird zugleich der liebevolle Blick Jesu auf die konkreten irdischen Situationen deutlich. Der Umgang mit dem Tod eines Menschen: Jesus zeigt nicht stoische Ruhe und Unberührtheit, sondern menschliches Mitfühlen, Betroffensein, schmerzliches Weinen. Jesus aber wird auch von der Macht des Todes nicht überwältigt, sondern bezeugt mitten in der irdischen Situation den Durchbruch des Ewigen, die Kraft unbegrenzter Lebendigkeit. Beides könnte auch für uns Maßstab für den rechten Umgang mit dem Tod und den Betroffenen sein.

Im Alter beten

Manchmal höre ich von einem Vielbeschäftigten: Wenn ich einmal alt bin, dann nehme ich mir Zeit zum Beten. Wer freilich das Beten nicht geübt hat, hat leicht seine Schwierigkeiten, damit neu anzufangen. Vielleicht ist ihm die Stille unheimlich, und er beschäftigt sich doch lieber mit allerlei Lektüre, lässt sich von den Medien unterhalten. Einer, der oft zu beten suchte, hat vielleicht gehofft: Im Alter, wenn ich nicht mehr so unter Druck stehe, wird mir das Beten leichterfallen. Aber nun klagt er, dass seine Gedanken beim Beten noch mehr als früher spazieren gehen, dass ihm alles Mögliche einfällt. Oft geschieht dies beim Gottesdienst in den heiligsten Momenten.

Das Beten kann dem älteren Menschen schwererfallen als früher: Er kann sich einfach viel weniger konzentrieren, bei einem Gedanken bleiben. Auch diese Schwäche gilt es zunächst anzunehmen. Gott schaut ja nicht auf das Gelingen unseres Betens, auf tiefe Gedanken und Gefühle, sondern auf unser Herz, auf unseren guten Willen, sich ihm zuzuwenden. Es soll uns also nicht erschrecken, wenn unsere Konzentrationsfähigkeit nachgelassen hat, wenn wir den Eindruck haben, gar nicht mehr andächtig sein zu können. Wenn wir merken, wie sehr unsere Gedanken sich ganz anderen Dingen zugewandt haben, dürfen wir uns einfach wieder Gott zuwenden: »Herr, ich möchte ja mit Dir reden. Schau, an was ich alles denken muss, an andere Leute und ihre Unarten, an die Enkelkinder, ob sie die Schule schaffen, an das, was ich morgen einkaufen muss.« Ich darf das alles Gott hinhalten, auch wenn es noch so unsinnig oder bedrohlich ist. All mein Denken darf ich ihm übergeben. So kann ich auch nach dem Gottesdienst, wenn mir meine geistige Abwesenheit bewusst wird, doch zu dem immer gegenwärtigen Herrn sagen: Ich war ganz woanders, aber Du bist doch zu mir gekommen. Jetzt will ich Dich anbeten und Dir danken.

Manchmal werden uns Sorgen, Schmerzen oder Ängste vor der Zukunft nicht recht zum Beten kommen lassen. Wir merken vielleicht, ein längeres Gebet bringe ich nicht mehr fertig. Dann darf und soll mein Gebet immer einfacher und kürzer werden. Kurze Hilferufe, die Stoßgebete, können doch ganz aus dem Herzen kommen und mich mit Gott verbinden. Ein vietnamesischer Bischof gestand: In den Torturen, Schmerzen und Ängsten des Gefängnisses habe er nicht einmal mehr die Kraft gehabt, das ganze Vaterunser zu beten. Aber er konnte doch noch immer wieder einzelne Worte wiederholen – Dein Name, Dein

Reich, Dein Wille. Er konnte nach seiner Freilassung gerade von diesen Gefängniserfahrungen her eine tiefe Spiritualität entwickeln und durfte sie in Exerzitien im Vatikan weitergeben.

Freilich dürfen wir immer auch neue Schätze aus

dem Reichtum alter und neuer Gebete des Gottesvolkes entdecken. Eugen Bolz, der württembergische Staatspräsident, im Dritten Reich ins Gefängnis geworfen und 1944 hingerichtet, hat gerade in den schwersten Zeiten aus der Heiligen Schrift und dem Schott-Messbuch die Kraft zum Durchhalten erhalten.

Mancher hat erst im Alter die Schönheit und Kraft der Psalmen entdeckt. Sie scheinen ja aus einer ganz fernen Welt zu kommen und künden von den Wegen eines jüdischen Pilgers, von der Not eines Einzelnen, von der Bedrängnis durch Feinde. Sie künden von einem Volk, das immer wieder von Feinden umlagert,

Ich rufe bei Tag,
doch du gibst keine Antwort –
ich rufe bei Nacht und finde
doch keine Ruhe.

Psalm 22,3

verschleppt und gequält wird und das doch auf einen künftigen Befreier hofft. Da wechseln Jubel und Dank, Sorge und Angst, Wut und Zorn, Hilferuf und Verzweiflung unversehens und unerwartet einander ab. Aber solchem Wechsel ist unser Leben unterworfen. Wir können immer wieder einen Vers herausgreifen, der unsere Situation ausdrückt. Solchen Wechsel finden wir etwa in dem Psalm 22, den Jesus am Kreuz gebetet hat. Er beginnt ja mit dem Sterberuf Jesu: »Mein Gott, mein Gott, warum hast Du mich verlassen?«

Die Lieder Israels wurden immer wieder neu gebetet von Einzelnen und vom ganzen Volk. In einmaliger Tiefe und Dichte und in einem alles umfassenden Sinn wurden sie von Jesus gebetet und dann auch immer wieder neu von Frauen und Männern der Christenheit. Der Anfang dieses Psalms 22 zeigt uns: Auch das Warumfragen ist ein Gebet. Warum muss ich so viel leiden? Warum ist so viel Unrecht und Gewalt in der Welt? Warum läuft alles so ganz anders, als es sein sollte? Wir dürfen zweifeln, uns empören, über die Abwesenheit Gottes klagen – wenn wir es nur zu Gott hin tun.

Gott bleibt undurchdringliches Geheimnis, wir erfahren von ihm keine glatten Lösungen der Rätsel unseres Lebens und der Weltgeschichte. Dieses Fragen lässt uns nicht stumpf und gleichgültig werden, sondern macht die Beziehung zu diesem Gott inten-

siv und wahr. Wie findet der Beter Antwort auf seine Klage: »Ich rufe bei Tag, doch Du gibst keine Antwort – ich rufe bei Nacht und finde doch keine Ruhe« (Psalm 22,3)? Eine Antwort ist die Erinnerung an die Geschichte des Gottesvolkes: »Dir haben unsere Väter vertraut, sie haben vertraut, und Du hast sie gerettet« (Vers 5).

Aus dem Lobpreis Israels kommt die Gewissheit seiner rettenden Gegenwart. Und doch bleibt die erschütternde Erfahrung: »Ich aber bin ein Wurm und kein Mensch, der Leute Spott, vom Volk verachtet« (Vers 7). Hilfreich ist auch die Erinnerung an das eigene Leben: »Von Geburt an bin ich geworfen auf Dich, vom Mutterleib an bist Du mein Gott« (Vers 11). Aber da ist doch die furchtbare Erfahrung, die sich dann auch im Sterben Jesu wiederfindet: »Meine Kehle ist trocken wie eine Scherbe, die Zunge klebt mir am Gaumen, Du legst mich in den Staub des Todes« (Vers 16).

Immer wieder aber kommt in den Psalmen das »Du aber Herr, halte Dich nicht fern« (Vers 20). Allen Fragen, aller Verzweiflung, aller Not folgt das »Du aber Herr« – die Hinwendung zu dem Herrn, der ganz anders ist und der retten kann »vor dem Rachen des Löwen« (Vers 22). Es ist die Erfahrung, dass der Herr »nicht verachtet das Elend des Armen« und »sein Gesicht nicht vor ihm verbirgt« (Vers 25). Dann kann folgen: »Deine Treue preise ich in großer Gemeinde« (Vers 26).

Wir können uns immer wieder dem Wechsel der Gefühle und Stimmungen eines Psalms überlassen und doch, je nach unserer eigenen Situation, einen Vers zu unserem machen. Aber unser Rufen und Schreien, Klagen und Danken ist hineingegeben in dieses Beten und Singen der Jahrhunderte, in das Lied Israels, in die Nähe Jesu zum Vater, in die Rufe aller Generationen der Kirche.

Die vielen Weisen des Betens

In der Geschichte der Menschheit, in der Tradition der Kirche haben sich viele Weisen des Gebetes, der Verbundenheit mit Gott, der Versenkung in sein Geheimnis herausgebildet. Wir dürfen uns gerade im Alter auf die Suche machen, welche Weise des Betens oder Meditierens besonders unserem Charakter und unserer Situation entspricht. Wir haben die Liturgie der Kirche, das Kunstwerk des Kirchenjahres, das uns das Handeln Gottes an seinem Volk, das Leben und Lehren Jesu, seinen Tod und seine Auferstehung und das heiligende Wirken seines Geistes immer neu vor Augen stellt. Es nimmt uns hinein in die grenzenlose Liebe, mit der er sich für uns hingibt.

Es sind immer wieder andere Begebenheiten, Akzente, immer wieder neuer Anfang und Ausschau auf die Vollendung. Und doch ist es immer derselbe Herr, der uns seine Gegenwart schenkt. Da ist der Rhythmus des Stundengebets, die Nachtwachen und Tagzeiten, die unser Leben gliedern und mit Psalmen, Schriftlesungen, Hymnen und Gebeten unseren Alltag mit Gott verbinden. Ausgeprägt ist das im klösterlichen Stundengebet, zu dem immer wieder die Gemeinschaft durch das Glockenzeichen gerufen wird, weil das Gotteslob den Sinn der ganzen Schöpfung wiedergibt und dem Leben Ruhe und Zuversicht

schenkt. Auch Menschen in der Welt greifen gerne zu Teilen des Stundengebetes.

Da gibt es die vielen Anrufungen des Herrn und seiner Heiligen, da gibt es das ständige innere Wiederholen des Namens Jesu, der sich unser erbarmt, das Jesusgebet. Da gibt es den Rosenkranz, der die Perlenkette in unsere Hand gibt und zeigt, dass der Herr bei uns ist und uns die Geheimnisse seiner Menschwerdung und seines Lebens, seines Leidens und seiner Auferstehung im liebenden Anteilnehmen Marias zugänglich macht.

Es war für mich immer ein trostreicher Anblick, wenn ich einen Schwerkranken vor mir liegen sah, der in seinen Fingern den Rosenkranz hielt. Ich spürte, er kann sich an etwas halten, an die Geheimnisse des Heils, an die Gemeinschaft mit Maria und allen Heiligen, die dieses Heil an sich erfahren haben. Wie die Perlen auch von den ganz matten Fingern noch weitergeschoben werden, so kann die Seele sich immer wieder auf den Pilgerweg des Heils machen.

Auch hier gilt gerade für den Kranken, dass er nicht ängstlich sich fragen muss, ob er die zehn Ave des jeweiligen Geheimnisses exakt und ganz bewusst gebetet hat. Er darf sich einfach immer wieder gerade in den Zeiten des Wartens, des Alleinseins dieser Folge von Bildern und Rufen überlassen. Von Kardinal Newman, dem großen Gelehrten und Seliggesprochenen, der so ganz in der Heiligen Schrift und in den Kirchenvätern zu Hause war, wird berichtet, dass er im Alter immer schlichter und einfacher vor allem den Rosenkranz betete und seine befriedende Kraft pries.

Kreuz und Kreuzweg

Der alternde Mensch, der immer mehr vielleicht über seinen Lebensweg nachdenkt und der vielleicht mit Angst und Schrecken auf den Weg blickt, der noch vor ihm liegt, kann neuen Mut finden bei der Betrachtung von Kreuz und Kreuzweg. Wir können vielleicht zunächst einfach ein schlichtes Holzkreuz in die Hand nehmen. Das Kreuz ist in fast allen Religionen ein Zeichen für das Ganze, das Ganze des Lebens, das Ganze der Welt. Es dehnt sich aus nach oben und unten, nach rechts und links. Der Mensch selbst hat ja die Kreuzform, wenn er die Arme ausstreckt.

Freilich merken wir, dass solches Ausstrecken mühsam sein kann, vielleicht nicht mehr gelingt. Auch die Gleichmäßigkeit des Kreuzes ist immer wieder bedroht. Würden wir unser Lebenskreuz zeichnen, könnte sein, dass wir den Schwerpunkt nach unten setzen, dass wir dem Boden verhaftet sind und uns nicht weiter ausstrecken. Es könnte sein, dass unser Schwergewicht ganz oben ist, weil wir in Gedanken und in Ideen leben und die Bodenhaftung, den Zugang zu unserer Realität verlieren. Es könnte sein, dass wir erkennen, wie sehr wir unser Lebensgewicht auf die äußeren Seiten verlagern, dass wir ganz nach außen leben und unsere Mitte verlieren. Es könnte auch sein, dass wir so sehr in uns selber bleiben, uns nur mit dem eigenen Ich beschäftigen, dass wir die rechte Beziehung zur Außenwelt, zu Erde und Himmel verlieren.

So könnte die Betrachtung unseres Kreuzes die Sehnsucht wecken, ein ausgeglichenes Kreuz zu bilden, in unserem Leben das Ganze darzustellen. Freilich erleben wir, dass die ideale Kreuzform, die Darstellung des Ganzen der Welt und meines Lebens, scheitert, dass die Harmonie zerbricht, dass dem alles umfassenden Ja immer wieder ein tödliches Nein entgegensteht.

Da betrachten wir nun die Erlösung der Welt und unseres Lebens, weil Gottes umfassendes Ja sich in Jesus hineingibt in die wirre Welt der Gegensätze, in Gewalt und Tod. Das wird durch den Gekreuzigten am Kreuz dargestellt. So soll das Kruzifix nicht ein Bild des Schreckens sein, sondern die Zusage, dass durch Gottes Liebe aller Schrecken überwunden wird. In besonderer Weise nähern wir uns diesem Geheimnis in der Betrachtung des Kreuzwegs, wie wir einzelne Stationen auch auf unsere Situation und die der Gesellschaft beziehen können.

Die Kreuzwegandacht hat ihren Ursprung darin, dass etwa ab dem 5. Jahrhundert Jerusalempilger dem vermutlichen Weg Jesu von der Richtstätte des Pontius Pilatus hinauf auf den Golgathahügel nachgegangen sind. Sie haben sich an die Berichte der Evangelien, etwa über Simon von Cyrene oder von der Begegnung mit den weinenden Frauen, erinnert. Sie

hielten an bestimmten Stellen inne und haben sich in frommem Mitgefühl weitere Stationen vorgestellt, den mehrfachen Fall oder die Darreichung des Schweißtuches der Veronika.

Ab dem 16. Jahrhundert kennt die christliche Tradition 14 Stationen, von der Verurteilung Jesu bis zur

Grablegung. Bedeutende Dichter wie Paul Claudel, Theologen wie Romano Guardini und Komponisten wie Marcel Dupré haben im 20. Jahrhundert den Kreuzweg in die Welt der Moderne übersetzt. Die Aufforderung Jesu, dass seine Jünger jeweils ihr Kreuz auf sich nehmen und ihm nachfolgen sollen (Mt 16,24),

Wer mein Jünger sein will,
der verleugne sich selbst,
nehme sein Kreuz auf
sich und folge mir nach.

Mt 16,24

beinhaltet ja die Aufgabe, den Kreuzweg in jeder Zeit und in jedem einzelnen Leben als eigenen Weg zu entdecken.

So nimmt in der ersten Station Jesus die Verurteilung entgegen – wie auch wir Kraft brauchen, Verkennung und Missachtung durch andere oder auch das Urteil unseres Arztes über den bedrohlichen Gesundheitszustand anzunehmen. Wir können vor dem Bild Jesu, der sein Kreuz auf sich nimmt, meditieren, was auf uns zukommende Belastungen sind, und mit Jesus

sagen: Ich nehme diese Herausforderung an. Wenn Jesus Maria oder den weinenden Frauen begegnet, bedeutet das für mich die Frage, wie ich damit umgehe, dass mein Leid auch anderen Leid verursacht. Wenn Simon von Cyrene Jesus das Kreuz tragen hilft oder Veronika das Schweißtuch reicht, kann ich mich fragen, ob es mein Stolz verträgt, dass ich die Last nicht allein tragen kann, dass ich die Hilfe und den Trost anderer brauche. Im dreimaligen Fallen kann auch mir deutlich werden, dass oft die Last zu schwer wird, dass sie niederdrückt, dass es scheinbar nicht mehr weitergeht und dass ich doch hoffen darf, wieder aufzustehen. Bei der Kleiderberaubung Jesu denk ich an alles, was mir entrissen wird. Ich denke schließlich daran, dass auch ich »angenagelt« werde, nicht mehr fliehen kann, sondern einfach die Situation aushalten muss. Ich darf daran denken, dass auch mein Sterben hineinführt in die Vollendung meines irdischen Weges, dass auch ich sagen darf: »Es ist vollbracht.«

Der Weg führt in die Vollendung, die Gott schenkt, wenn ich mit Jesus mein Leben in Gottes Hände legen durfte, in die Liebe Gottes, die Jesus vom Tod auferweckt hat und die auch mich verwandeln will ins Ganze, ins Vollkommene, in leuchtenden Glanz. So hilft mir auch in den dunklen und schmerzlichen Stunden immer wieder das Lied des evangelischen Dichters und Mystikers Gerhard Tersteegen (1697 bis 1769):

Ein Tag, der sagt dem andern,
mein Leben sei ein Wandern
zur großen Ewigkeit.
O, Ewigkeit, du schöne,
mein Herz an dich gewöhne,
mein Heim ist nicht in dieser Zeit.